ANALIZA KSIĄŻKI

Mieszczanin szlachcicem

· · · · · · · · · · · · · · · ·

MOLIÈRE

ANALIZA KSIĄŻKI

Napisany przez Fabienne Gheysens
Przetłumaczony przez Kâmil Kowalski

Mieszczanin szlachcicem

. . . .

Molière

MOLIER

FRANCUSKI DRAMATURG, AKTOR I REŻYSER TEATRALNY

- **Urodził się w 1622 roku w Paryżu**
- **Zmarł w 1673 roku w tym samym mieście**
- **Niektóre z jego prac:**
  - *Don Juan* (1665), komedia
  - *Skąpiec* (1668), komedia
  - *Chory z urojenia* (1673), komedia-balet

Molier (którego prawdziwe nazwisko brzmiało Jean-Baptiste Poquelin) urodził się w Paryżu w zamożnym mieszczaństwie. W młodym wieku zwrócił się ku teatrowi i wraz z aktorką Madeleine Béjart (1618-1672) założył zespół Illustre-Théâtre (1643-1645). Po 13 latach wędrownego teatru na prowincji wrócił do Paryża, gdzie został dostrzeżony przez króla Ludwika XIV (1638-1715), który przyjął go na służbę i oddał pod swoją opiekę.

Molier pisał przede wszystkim komedie, w których pod pozorem śmiechu obnażał wady współczesnych mu ludzi (pyszałkowatość, pedanteria, skąpstwo itp.) oraz krytykował niektórych członków XVII-wiecznego społeczeństwa (autorytarnych ojców, fałszywe dewotki, szarlatańskich lekarzy itp.)

17 lutego 1673 roku zachorował na scenie podczas przedstawienia Chory z Urojenia i zmarł w domu tego samego wieczoru. Jego liczne sztuki do dziś wywierają znaczny wpływ i czynią go głównym autorem klasycznego wieku.

MIESZCZANIN SZLACHCICEM

PAN JOURDAIN ALBO SZALEŃSTWO WIELKOŚCI.

- **Gatunek:** komedia-balet

- **Wydanie referencyjne:** *Le Bourgeois gentilhomme*, *Le Médecin malgré lui,* Paris, Maxi-Livres, 2005, 158 s.

- **1. wydanie:** 1670 r.

- **Tematy:** mieszczaństwo, parweniuszostwo, śmieszność, parweniusz, wspinaczka społeczna, edukacja

Po raz pierwszy wystawiony w 1670 roku na dworze Ludwika XIV, *Mieszczanin szlachcicem* to komedio-balet Moliera, który łączy muzykę Jean-Baptiste Lully'ego (francuski kompozytor włoskiego pochodzenia, 1632-1687) z interludiami tanecznymi Pierre'a Beauchampa (francuski tancerz i baletmistrz, 1631-1705).

Bardzo bogaty mieszczanin, pan Jourdain jest parweniuszem. Przejęty szaleństwem wielkości, pragnie dołączyć do arystokracji. Próbuje nauczyć się manier arystokratycznych (dzięki prywatnym lekcjom udzielanym mu przez mistrzów), zaleca się do markizy i szuka szlachetnego zięcia. Udaje mu się jednak jedynie zostać wyśmianym i oszukanym przez wszystkich.

Ta słynna sztuka, będąca prekursorem musicalu, od momentu powstania była wystawiana tysiące razy, co czyni ją klasykiem. Była też kilkakrotnie adaptowana na potrzeby filmu i opery.

PODSUMOWANIE

AKT I

Scena I

Mistrz muzyki i mistrz tańca cieszą się, że mają pana Jourdaina za ucznia, bo choć ma małą wiedzę o szlachcie, dobrze im płaci. Oprócz pieniędzy mistrz tańca ceni sobie pochwały, które otrzymuje za uprawianie swojej sztuki, gdyż schlebiają one jego ego.

Scena II

Przyjeżdża pan Jourdain. Obaj panowie obłudnie podziwiają jego strój i prawią mu wiele komplementów – mimo że ich gość w rzeczywistości ubrany jest tylko w szlafrok i czepek.

Pan Jourdain słucha następnie serenady skomponowanej przez ucznia mistrza muzyki, którą uważa za ponurą. Następnie śpiewa lekki utwór; obaj mistrzowie prawią mu komplementy i każdy zapewnia o wyjątkowości jego sztuki.

Scenę kończy muzyczne interludium skomponowane przez trzech muzyków, które bardzo podoba się panu Jourdainowi.

AKT II

Scena I

Pan Jourdain dowodzi surowości swoich upodobań artystycznych, wyznając, że lubi trąbkę morską, instrument znany z tego, że wydaje niemiłosierny hałas. Zgadza się na koncert muzyczny w swoim domu raz w tygodniu, ponieważ mistrz muzyki mówi, że jest to zwyczaj przestrzegany przez ludzi dobrej jakości.

Następnie pan Jourdain zapowiada przyjazd markizy Dorimène tego samego wieczoru. Następnie chce się nauczyć ukłonów.

Sceny II i III

Przybywa mistrz broni. Pan Jourdain demonstruje swoją niezdarność (nie potrafiąc obronić się przed prostym atakiem floretem) i wypowiada bzdury (rozumiejąc, że człowiek, jeśli umie wykonać odpowiednie ruchy nadgarstkiem przy operowaniu floretem, na pewno nie zostanie zabity przez przeciwnika).

Kiedy mistrz broni zapewnia o wyższości swojej sztuki, między trzema nauczycielami wybucha kłótnia. Pan Jourdain próbuje interweniować, ale nikt nie zwraca na niego uwagi.

Pojawia się wówczas nauczyciel filozofii i zapewnia, że to filozofia dominuje nad wszystkimi dyscyplinami. Walka zostaje wznowiona, a pan Jourdain, zmęczony byciem ignorowanym, pozwala im walczyć między sobą.

Scena IV

Gdy kłótnia dobiega końca, nauczyciel filozofii rozpoczyna swój wykład od łacińskiego cytatu (*"Nam sine doctrina vita est quasi mortis imago"*: bez nauki życie jest obrazem śmierci), który mieszczanin udaje, że rozumie, by sprawiać wrażenie wykształconego. Następnie nauczyciel pyta go, czego chciałby się nauczyć. Pan Jourdain odmawia dyskusji o logice, moralności i fizyce, które uważa za nudne i nieciekawe; dowodzi w ten sposób, że w ogóle nie zrozumiał łacińskiej frazy swojego rozmówcy.

Pan Jourdain woli uczyć się ortografii. Nauczyciel filozofii postanawia dać mu lekcję o samogłoskach i ich wymowie – co jest dość dalekie od jego ulubionej dziedziny. Jego gospodarz powtarza samogłoski ze świecą i drwiną.

Pod koniec lekcji mieszczanin prosi nauczyciela o pomoc w napisaniu kilku słów, które pozwolą mu uwieść markizę. W tym momencie pokazuje nowe oblicze swojej ignorancji: nie wie, czym jest proza. Nalega, by nauczyciel filozofii napisał coś podobnego do "piękna markizo, twoje piękne oczy sprawiają, że umieram z miłości": nie napisał jeszcze notatki przeznaczonej dla Dorimène i chciałby, by nauczyciel zmodyfikował ją tak, by miała jak największą siłę oddziaływania. Ten ostatni proponuje alternatywne rozwiązania, po czym przyznaje, że sformułowanie użyte pierwotnie przez M. Jourdaina jest najlepsze. Jourdain chwali się, że znalazł tę formułę dzięki swojemu naturalnemu talentowi.

Scena V

Mistrz krawiecki przychodzi dostarczyć swoje zamówienie. Pan Jourdain skarży się, że uwierają go pończochy, a gdy zaprezentowano mu szatę, na której kwiaty są pokazane do góry nogami, wyraża swoje zdumienie. Krawiec wynagradza swój błąd zapewniając go, że tak właśnie ludzie dobrej jakości noszą kwiaty, co jest jawnym kłamstwem mającym na celu utrzymanie się w dobrych łaskach mieszczan. Pan Jourdain natychmiast zgadza się na noszenie ubrania.

Chłopcy krawieccy, asystenci mistrza, używają szlachetnych określeń, zwracając się do pana Jourdaina ("pan", "wasza wysokość"), co mu pochlebia: aby ich nagrodzić, mieszczanin daje im pieniądze.

AKT III

Sceny od I do III

Pan Jourdain idzie na spacer, żeby pokazać swoje nowe ubrania. Nicole, pokojówka, śmieje się z jego śmiesznego stroju. Pan Jourdain mówi jej, że tego wieczoru przyjdą goście, co przerywa jej śmiech i wprowadza w zły nastrój.

Następnie przybywa pani Jourdain i gani męża za jego marzenia o szlachectwie; zapewnia go, że wielu ludzi wyśmiewa się z niego i jego zachowania. Nicole skarży się na dodatkową pracę związaną z paradą mistrzów. Zirytowany pan Jourdain obwinia ich o ignorancję i próbuje zademonstrować swoją wiedzę, odwołując się do lekcji wymowy.

Pani Jourdain ubolewa również nad tym, że pewien pan, Dorante, ciągle pożycza od nich pieniądze: w przeciwieństwie do męża nie wierzy, że kiedykolwiek je zwróci.

Sceny IV i V

Przybywa Dorante i natychmiast schlebia M. Jourdainowi. Obiecuje spłacić długi i udaje mu się uzyskać jeszcze więcej pieniędzy: M. Jourdain po raz kolejny daje się nabrać, bo nie może niczego odmówić człowiekowi, który mówi o nim królowi i zasypuje go komplementami.

Dorante szuka Lucile, córki Jourdainów, bo chce się z nią zobaczyć. Pani Jourdain, która nie daje się nabrać na jego obłudne pochlebstwa, żartobliwie z niego drwi.

Scena VI

Dorante potwierdza przybycie markizy Dorimène: bawi się w swatkę. Podkreśla, że kobiety lubią być obsypywane prezentami. M. Jourdain, który ma nadzieję uwieść Markizę, dba o to, by jego żona nie była obecna na kolacji; chce uniknąć jakiegokolwiek zakłopotania. Nicole szpieguje rozmowę w imieniu pani Jourdain, ale dwaj mężczyźni opuszczają scenę, gdy tylko ją zauważają.

Scena VII

Nicole podlega pani Jourdain. Nie jest zaskoczona ulotnością męża i nie bierze tego do siebie. Szczególnie chciałaby, aby córka wyszła za Cléonte'a, jej zalotnika. Nakazuje zatem Nicole posłać po niego z prośbą o rękę Lucile.

Sceny od VIII do X

Nicole dociera do Cleonte. On i jego służący, Covielle, nie chcą słuchać niczego, co ma ona do powiedzenia; natychmiast ją przeganiają. Zresztą obaj mężczyźni skarżą się, że wcześniej zostali zignorowani w przypadkowym spotkaniu: Cléonte przez Lucile, a Covielle przez Nicole, której jest kochankiem. Mimo to Cléonte pozostaje zakochany w Lucile, a Covielle jest równie zakochany w Nicole.

Ta ostatnia opowiada następnie Lucile o złym przyjęciu, jakie spotkało ją w domu Cléonte'a. Młode kobiety próbują wyjaśnić nieporozumienie, a ich zalotnicy w końcu słuchają ich wyjaśnień: towarzyszyła im stara ciotka, dla której samo zbliżenie się mężczyzny hańbi młodą dziewczynę. Obie pary się pogodziły.

Sceny od XI do XV

Cléonte prosi Lucile o rękę, ale M. Jourdain odrzuca propozycję młodzieńca, ponieważ nie jest on "dżentelmenem". Cléonte jest jednak na tym samym poziomie co rodzina Jourdain na drabinie społecznej.

Między panem i panią Jourdain dochodzi do kłótni o interesy rodziny: pani Jourdain chciałaby, aby jej córka wyszła za mąż za mężczyznę o tej samej randze społecznej; pan Jourdain natomiast chciałby, aby jego córka została markizą.

Cléonte jest zrozpaczona, ale Covielle ma plan, by przekonać M. Jourdaina: udają się na stronę, by o tym porozmawiać, podczas gdy M. Jourdain, pozostawiony sam, żałuje, że nie urodził się szlachcicem.

Sceny od XVI do XX

Dorante i Dorimène zostają zapowiedziani. W trakcie ich rozmowy rozumiemy, że Dorante przekazuje dary M. Jourdaina jako swoje własne i że chce poślubić Markizę. Ta ostatnia jest pod wrażeniem jego darów, którymi ją omotał, ale nie jest świadoma, że Dorante żyje z pożyczek i manipuluje nią.

M. Jourdain przerywa im. Dorante dyskretnie radzi mu, by nie mówił o podarowanym jej diamencie, by nie odkryto jego oszustwa. Akt kończy się pojawieniem się lokaja, który zaprasza bohaterów do stołu.

AKT IV

Scena I

Kolacja oprawiona jest w muzykę. Dorante przypisuje sobie zasługi w tym względzie z Dorimène. M. Jourdain jest zamyślony, mimo swojej zwykłej nieporadności. Przy stole Dorante starannie unika tematu diamentu, ale Dorimène uświadamia sobie galanterię M. Jourdaina, co drażni Dorante.

Sceny od II do IV

Pani Jourdain przyłapuje męża na schlebianiu Dorimène. Kiedy Dorante twierdzi, że to on zamówił posiłek, M. Jourdain, zbyt naiwny i pozostający pod kontrolą hrabiego, myśli, że go kryje. Jednak to tylko kwestia ochrony jego interesów z Markizą.

Pani Jourdain nie daje się nabrać i wyzywa wszystkich. Dorimène, która nie rozumie sytuacji, wychodzi z pokoju w roztargnieniu. Dorante odprowadza ją do domu. M. Jourdain żąda od żony przeprosin; na próżno. Zostawia go samego i wściekłego.

Sceny od V do VIII

Covielle wchodzi w przebraniu Turka. Przedstawia się jako przyjaciel ojca pana Jourdaina: aby zdobyć jego zaufanie, każe mu wierzyć, że jego ojciec był dostojnym szlachcicem, a nie kupcem. Następnie ogłasza, że syn Wielkiego Turka pragnie poślubić Lucile. Żeby jednak ten związek mógł dojść do skutku, M. Jourdain musi zostać "mamamouchi" – honorowy tytuł wymyślony przez Moliera – tureckim szlachcicem.

Oczywiście się zgadza. Następnie przybywa Cléonte, również przebrany za Turka. Covielle pełni rolę tłumacza. Ceremonia nobilitacji jest przerywnikiem muzycznym i polega na biciu kijami i mieczami. Dorante zostaje poinformowany o podstępie przez Covielle'a, który śmieje się z jego pomysłowości.

AKT V

Sceny od I do III

Pani Jourdain prosi męża o wyjaśnienie jego tureckiego przebrania. Wścieka się i mówi po turecku. Jego żona myśli, że jest szalony. Dorante popiera maskaradę Cléonte'a i wykorzystuje ją, by namówić Dorimène do małżeństwa: nie chce już, by wydawał pieniądze na zaloty do niej. Hrabia gratuluje również M. Jourdainowi, który przeprasza za zachowanie żony i wysyła po córkę, aby wyszła za Turka.

Sceny od IV do VI

Pan Jourdain przedstawia Lucile jej przyszłego męża. Początkowo odmawia wyjścia za niego, ale gdy rozpoznaje Cléonte'a, w końcu się zgadza. Tę zmianę w sercu traktuje jako nagłą chęć przypodobania się ojcu – co go zachwyca.

Scena VII

Pani Jourdain jest zdecydowanie przeciwna małżeństwu, ale kiedy Covielle informuje ją o oszustwie (biorąc ją na bok, aby ujawnić swój plan, aby M. Jourdain nie usłyszał), ta ostatecznie zgadza się.

Dorante ogłasza również swoje małżeństwo z Dorimène, co uspokaja zazdrość pani Jourdain. M. Jourdain uważa, że to podstęp i pozwala na to, wciąż mając nadzieję na poślubienie markizy. Podaje też rękę Nicole do Covielle. Planowane jest więc potrójne wesele.

W oczekiwaniu na notariusza, wszystkich bawi widowisko dawane na cześć gości: *Balet Narodów* (hiszpański, włoski i francuski). Sama ta część trwa tak długo jak komedia.

STUDIUM POSTACI

PAN JOURDAIN

Bogaty handlarz tkanin, pan Jourdain nie ma praktycznie żadnego wykształcenia. Marzy o tym, by być jak szlachta, ale obce są mu ich zwyczaje. Dlatego sporo wydaje, by poznać ich zwyczaje i obyczaje, nawiązać kontakty i zbliżyć się do dworu. Jego głównym celem jest uwiedzenie markizy Dorimène, aby podnieść się społecznie.

Wyjątkowo łatwowierny, wkrótce zostaje zauważony przez oszustów, którzy wyłudzają od niego sporo pieniędzy. Pan Jourdain, jednocześnie naiwny, próżny i niezdarny, wywołuje czasem śmiech – na swój koszt – a czasem politowanie, na przykład kiedy odpowiada na różne polecenia swoich nauczycieli serią "eee?", które pokazują jego całkowity brak zrozumienia.

Jednak pan Jourdain nie jest pomysłowy. Aby przeprowadzić swoją intrygę, jest podejrzliwy wobec wszystkich, bo wie, że jest obserwowany. I faktycznie, jest obiektem spojrzeń wszystkich – swoich wyzyskiwaczy, swoich sług, swojej żony, etc. – często złośliwych, wyśmiewających lub ganiących.

Postać rozpieszczonego dziecka jest wszechobecna i podtrzymuje całą sztukę. Sam Molier zagrał tę rolę, która odtąd stała się sukcesem dla innych aktorów w kolejnych wiekach.

PANI JOURDAIN

Żona pana Jourdaina nie wypiera się swojego mieszczań-skiego statusu. Jest uosobieniem zdrowego rozsądku i porządku w obliczu ekscentrycznego szaleństwa męża. Jego ekscesy sprawiają, że jest zrozpaczona, zwłaszcza że wyklu-cza ją ze swoich planów. W ostateczności pozostaje jej kpina i cierpliwość: kilkakrotnie nazywa męża "wariatem", co obra-zuje jej bezsilność wobec ogromu jego dążeń.

Pani Jourdain zawsze popiera to, co uważa za słuszne – na przykład nie pozwala córce wyjść za Turka (o którym nie wie, że jest nim Cléonte) – a także umie bronić interesów rodziny, gdy są one zagrożone: na przykład jest podejrzliwa wobec Dorante, obawiając się, że oszuka jej męża.

Wreszcie postać ta stanowi użyteczny kontrast dla ekonomii i komedii sztuki: im bardziej rozsądna i opanowana wydaje się pani Jourdain, tym bardziej śmieszny i łatwowierny jest pan Jourdain:

> *MADAME JOURDAIN – Tak, jest dla ciebie miły i pieści cię, ale pożycza twoje pieniądze.*
>
> *MONSIEUR JOURDAIN – Cóż, czyż nie jest to zaszczyt pożyczać pieniądze człowiekowi w takim stanie? I czyż mogę zrobić mniej dla pana, który nazywa mnie swoim drogim przyjacielem?*
>
> *MADAME JOURDAIN – A co ten pan robi dla ciebie?*
>
> *MONSIEUR JOURDAIN – Rzeczy, którym można by się dziwić, gdyby się je znało. (akt III, scena III)*

DORANTE

Dorante przedstawia się jako hrabia, ale czy rzeczywiście nim jest? Wątpliwość obecna jest przez całą sztukę, ale nigdy nie zostaje usunięta. Między M. Jourdainem a Markizą Dorimène pełni rolę pośrednika i swatki: przekazuje słowa – czasem je modyfikując – tych dwóch rozmówców, którzy nie mówią do siebie bezpośrednio.

Ale poza pozorami jego motywy są wyraźnie egoistyczne i nie ma on szacunku dla pana Jourdaina, którego od pewnego czasu oszukuje. Dorante, sprawny manipulator i kłamca, wykorzystuje aspiracje i szczerość pana Jourdaina do własnych interesów. Wyłudza od niego bez skrupułów pieniądze – udając, że wspiera jego rozwój – i uwodzi Dorimene pod jego nieobecność, przekazując jej dary jako własne.

MISTRZOWIE

W domu pana Jourdaina mistrzowie przychodzą i odchodzą o każdej godzinie, a wszyscy są ekspertami w swoich dziedzinach: tańcu, muzyce, szermierce, filozofii i ubiorze. Są to dyscypliny, które trzeba opanować, jeśli chce się być szlachcicem, jeśli chce się być tak postrzeganym; stąd zainteresowanie pana Jourdaina.

Mistrzowie czerpią korzyści finansowe z obsesji pana Jourdaina. Dlatego w jego obecności są szczególnie uprzejmi i rozważni. Jednak jest to obłuda, bo tak naprawdę oni wszyscy nim gardzą: nie należy do ich świata, nie rozumie ich kodeksów, nie ma ani finezji, ani inteligencji, ani nawet cierpliwości, która pozwoliłaby mu uprawiać różne sztuki, których uczą:

> *"MISTRZ MUZYKI – [...] Jest to człowiek, zaiste, którego światła są małe, który mówi fałszywie o wszystkich rzeczach, a oklaskuje tylko w niewłaściwy sposób; ale jego pieniądze prostują sądy jego umysłu. Ma rozeznanie w swojej sakiewce.* (Akt I, scena I)

Nieuczciwi spekulanci, angażują się w daremne spory między sobą, w których każdy zapewnia o wyższości swojej dyscypliny, a w których przede wszystkim okazują się co najmniej tak głupi jak pan Jourdain. W ostatecznym rozrachunku obraz szlachty, jaki przedstawiają, jest więc niewiele bardziej pochlebny niż ten, który pan Jourdain przedstawia w odniesieniu do mieszczaństwa.

DORIMENE

Markiza Dorimène jest kapryśną wdową, którą pan Jourdain próbuje uwieść, aby wykorzystać jej tytuł. W tym celu rujnuje się wystawnymi prezentami, ale ma też nadzieję zadowolić ją szlachetnością swego ducha. Co więcej, podczas kolacji, na którą ją zaprosił, Dorimène wydaje się wykazywać pewne zainteresowanie mieszczaninem – co niepokoi Dorante.

Zostaje oszukana przez M. Jourdaina, ale także przez Dorante, który każe jej wierzyć, że wszystkie prezenty są od niego. Jednak podstęp Dorante'a działa, gdyż pod koniec sztuki ma go ona poślubić.

MŁODZI MIESZCZANIE: LUCILE I CLÉONTE

Lucile jest jedynym dzieckiem Jourdainów. Jest ucieleśnieniem stereotypu kruchej, zakochanej i naiwnej młodej dziewczyny. Matka zachęca ją do miłości do Cléonte'a, natomiast ojciec chce narzucić małżeństwo, które służy jego własnym interesom.

Cleonte uosabia inny stereotyp: młodego, uczciwego i prawego mężczyzny prowadzącego; jest namiętnym kochankiem, gotowym zrobić wszystko, by uwieść swoją kochankę.

Para kochanków, którzy są sobie obiecani – i którym na końcu sztuki udaje się wziąć ślub – jest elementem powtarzającym się w komediach okresu klasycznego.

SŁUŻBA: NICOLE I COVIELLE

Nicole jest służącą pani Jourdain. Jako kobieta z ludu pozwala sobie na głośny i nieskrywany śmiech z ekstrawagancji swojego pana. Covielle, lokaj Cleonte'a, jest również kochankiem Nicole. Z natury pragmatyczny i przebiegły, to właśnie on obmyśla fortel – wynalazek Wielkiego Turka – aby pomóc swojemu panu.

Słudzy powtarzają się również w sztukach klasycznych. Poprzez te postaci Molier zyskał sympatię i poparcie bardziej pospolitej części publiczności.

KLUCZE DO CZYTANIA

KOMEDIA-BALET

Nie porzucając fars (*Sganarelle ou le Cocu imaginaire* [1660]; *Les Fourberies de Scapin* [1671]), Molier wyspecjalizował się w komediach obyczajowych: otwarcie karykaturował wady ówczesnego społeczeństwa, nawet jeśli oznaczało to wywołanie kontrowersji (*Les Précieuses ridicules* [1659]; *L'École des femmes* [1662]; Le *Tartuffe ou l'Hypocrite* [1664]; *Dom Juan*; Le *Misanthrope* [1666]; *L'Avare [Skąpiec]*). Przed nim komedia była gatunkiem uważanym w dużej mierze za gorszy od tragedii (inspirowanej, w owym czasie, przez autorów antycznych); to dzięki jego imponująco udanym sztukom gatunek ten zyskał listy szlacheckie.

Ale Molier był również, wraz z Jean-Baptiste Lully, wynalazcą nowego gatunku: komedio-baletu, przodka musicalu, którego *Mieszczanin szlachcicem* i *Chory z urojenia* są niewątpliwie najbardziej reprezentatywnymi przykładami.

Pierwszym komedio-baletem był *Les Fâcheux*, w 1661 roku. Już wtedy powszechną praktyką było umieszczanie komicznych przerywników w baletach, aby dać tancerzom czas na zmianę między scenami; ale tam, gdzie Molier przełamał nowe zasady, było ustanowienie ciągłości fabuły między tańczonymi i granymi fragmentami. W rzeczywistości, w momencie ich powstania, komedie-balety były ustawione tak, aby były zintegrowane z baletem: w przypadku *Mieszczanina szlachcicem*, po sztuce następował *Balet narodów*.

Komedia-balet wykorzystuje te same środki komiczne co komedia kanoniczna (komizm gestu, sytuacji, postaci i słowa), ale dodaje momenty pieśni i tańca. Nie należy go mylić z operą-baletem: tam, gdzie ten ostatni jest bardziej rozproszony w fabule, komedio-balet podąża za jedną akcją i nie zawraca sobie głowy akcjami pobocznymi. Jej centralny temat bardzo często obraca się wokół kwestii małżeństwa współczesnych, zwykłych bohaterów, przedstawicieli ówczesnej codzienności.

W 1670 roku król Ludwik XIV, zawsze żądny rozrywki, zlecił muzykowi Lully'emu napisanie baletu (w tamtych czasach spektaklu tańca i pieśni). Początkowo Molier został poproszony jedynie o napisanie kilku słów libretta. Lecz Molier nie chciał się zadowolić tym, że Turcy "bełkoczą", a walety tańczą. Napisał więc całą sztukę. Dramaturg chciał włączyć do akcji taniec i wzmocnić wyrażanie uczuć poprzez muzykę. Mimo to rozrywka prawie nigdy nie jest zestawiana z komedią, lecz stanowi jej naturalne przedłużenie. Jest to zatem spektakl kompletny.

Podczas dziesięcioletniej współpracy Molier i Lully (wspomagani przez Pierre'a Beauchampa) stworzyli osiem komedio-baletów: *Les Fâcheux*, *L'Amour médecin* (1665), *Pastorale comique* (1667), *Le Sicilien ou l'Amour peintre* (1667), *George Dandin ou le Mari confondu* (1668), *Monsieur de Pourceaugnac* (1669), *Les Amants magnifiques* (1670) i *Le Bourgeois gentilhomme*.

MODA NA TURKUSY

Imperium Osmańskie (1299-1923) było bardzo wpływowe w czasach Ludwika XIV i sięgało aż do Austrii. Była to również wielka potęga handlowa: przez ten kraj przechodziły jedwabie, gobeliny, przyprawy, trzcina cukrowa, bawełna i inne dobra luksusowe. Z tych powodów niektóre monarchie europejskie walczyły z Turkami, inne zaś szukały w nich sojuszników. Jednak w czasie, gdy Molier napisał *Mieszczanina szlachcicem*, Imperium Osmańskie nie było już uważane za zagrożenie militarne, mimo że okupowało Bałkany.

W każdym razie cywilizacja ta wzbudzała podziw ludzi Zachodu: byli oni prawdziwie zafascynowani egzotyką tej odległej krainy, wciąż mało znanej na Zachodzie. W tym kontekście pojawiły się "Turqueries", czyli dzieła sztuki powstałe w Europie Zachodniej, które reprezentowały lub naśladowały kulturę turecką, np. w dziedzinie muzyki (pierwszy zapis w operze-balecie Jean-Philippe'a Rameau [kompozytor francuski, 1683-1764], *Les Indes galantes*, nosi tytuł "Le Turc généreux") czy opery: *Uprowadzenie z Seraju*, którego muzykę opracował Mozart [kompozytor niemiecki, 1756-1791]; *Marsz Turecki*, sonata tegoż Mozarta itd.

Za czasów Ludwika XIV osmański sułtan Mehmed IV (1642-1693) kazał wydalić francuskiego ambasadora w Stambule, ale chcąc przywrócić dobre stosunki między oboma mocarstwami, wysłał w listopadzie 1669 r. do Wersalu emisariusza: Sulejmana Agę. Ten turecki emisariusz olśnił wszystkich, którzy pojawili się na jego drodze; przepych i okoliczności, jakie zaprezentował, świadczyły o potędze sułtana. Jednak po dotarciu do celu Sulejman Aga zlekceważył wystawne powitanie, które otrzymał i spojrzał z góry na francuską monarchię. Ta dyplomatyczna wizyta pozostawiła głębokie wrażenie. Mimo egzotyki, która wciąż urzekała dwór, nikt nie zapomniał o oburzeniu, jakie wywołało to wydarzenie.

W *Mieszczaninie szlachcicem* moda turecka pojawia się poprzez przebranie Cléonte'a. To bezpośrednio nadaje mu status szlachcica w oczach podziwiającego go M. Jourdaina, który natychmiast proponuje mu swoją córkę w małżeństwie. Czy Molier miał pomścić bezczelny chłód aroganckiego emisariusza, który sponiewierał króla? W każdym razie, jego bajkowa bufonada uwiodła wszystkich.

KOMICZNA SZTUKA

Błazenada i farsa

Mieszczanina szlachcicem można porównać do bufonady – gatunku teatralnego mającego swoje korzenie w średniowieczu – w tym sensie, że spektakl gra na śmieszności i grotesce, czy to poprzez postacie (tu inscenizację aberracyjnych ambicji M. Jourdaina), czy poprzez przebrania (np. kostium Turka, który bohater zakłada dobrowolnie, by zostać nobilitowanym).

Jednak sztuka należy również do farsy, gatunku o średniowiecznym rodowodzie, tradycyjnie zarezerwowanego dla pospólstwa (w odróżnieniu od komedii, skierowanej do publiczności mieszczańskiej, i tragedii, skierowanej do publiczności szlacheckiej), który przenosi na scenę śmieszne intrygi ludzi o średnim i niskim statusie, w stylu często dosadnym i siermiężnym.

Po podróżach do Włoch Molier – który zasłynął w tej dziedzinie takimi sztukami jak *Le Docteur amoureux* (1658), a później *Les Fourberies de Scapin* – zainspirowany popularnym gatunkiem *commedia dell'arte*, jego postaciami i procedurami, wprowadził kilka z nich do swojego teatru: wśród nich lazzi (akrobatyczne ruchy, którym towarzyszy bufoniasta gra słów, jak w rzekomej ceremonii nobilitacji M. Jourdaina), bufoniasty humor i komiczny aparat quiproquo. Poprzez swoją twórczość teatralną Molier przywrócił pewną kunsztowność gatunkowi farsy, który był wówczas uważany za niegodny zainteresowania mieszczan i szlachty we Francji.

Cztery wyraźne sprężyny komiczne

Tradycyjnie komedie generują śmiech, opierając się na czterech głównych źródłach: gestach, postaciach, sytuacji i słowach. Nie dziwi więc fakt, że wszystkie one są wykorzystywane przez dramaturga w *Mieszczaninie szlachcicem*:

• **Komizm gestów** to rodzaj komedii wywoływanej przez śmieszne ruchy (np. wyprowadzanie ciosów). Jest to jednak najmniej obecny komizm w sztuce. Tradycyjnie pojawia się w didaskaliach lub może być dodany przez reżysera przy adaptacji na scenę. Pojawia się np. w akcie II, scenie II: "*Mistrz broni popycha na niego dwa lub trzy buty i mówi: 'En garde!'*");

• **Komizm postaci** opiera się na cechach charakteru jednej lub kilku postaci, które wywołują śmiech, albo przez swoją śmieszność, albo przez wielokrotne występowanie w tekście. Jest to chyba najbardziej rozwinięta forma komedii w spektaklu. Postać M. Jourdaina (jego naiwność, próżność, ambicja) jest najbardziej rażącym i wymownym przykładem: w całym tekście jego pragnienia wielkości są nieustannie wyśmiewane i wyszydzane. Scena IV aktu III, w której mieszczanin szybko daje pieniądze Dorantemu – który go oszukuje – jest jednym z wielu przykładów wyśmiewania się z bohatera;

- **Komizm sytuacji** występuje w utworze kilkakrotnie: jest to komizm, w którym sytuacja wywołuje śmiech przez swój śmieszny lub niesamowity charakter. Na przykład czwarta scena aktu II, w której M. Jourdain w śmieszny sposób powtarza samogłoski, albo kilka scen, w których widz (lub czytelnik) wie, że Cleonte to w rzeczywistości Turek w przebraniu. W istocie, jednym z uprzywilejowanych przejawów komizmu sytuacyjnego jest quiproquo: widz jest świadomy określonej sytuacji – podobnie jak być może niektórzy bohaterowie – ale inne postacie są nieświadome tego, co naprawdę się dzieje. Ten nierówny podział wiedzy ma na celu wywołanie śmiechu. W tym przypadku ma to miejsce, gdy pojawia się Cleonte w przebraniu Turka (akt IV, scena VI), gdyż widz, w przeciwieństwie do pana Jourdaina, został wcześniej uświadomiony o oszustwie;

- Wreszcie jest też **komizm słowny**. Przejawia się on w kalamburach, w używaniu nietypowych określeń, w myleniu kilku podobnych słów itp. Na przykład w akcie III, scena V, pani Jourdain odpowiada ironicznie Dorante, który pyta ją, jak się miewa jej córka: "Dobrze sobie radzi na dwóch nogach". Oczywiście użycie przez M. Jourdaina rzekomo tureckiego dialektu, gdy spotyka Cleonte ("Strouf, strif, strof, straf", Akt V, Scena IV) zaprasza widzów do śmiechu.

SATYRA NA NOWICJUSZY

W wielu swoich sztukach Molier dramatyzuje i ośmiesza – czasem cynicznie – niebezpieczeństwa związane z nadmiarem, egoizmem, obłudą i próżnością; z kolei zawsze propaguje zalety rozsądnego zachowania. Stąd też z jego dzieł wyłania się na ogół praktyczna moralność i tak jest też i tutaj, w *Mieszczaninie szlachcicem*.

Niektóre osoby bardzo szybko zdobywają bogactwo i sukces. Mogą wówczas odczuwać potrzebę ozdabiania się luksusowymi przedmiotami, starać się wszelkimi sposobami pozornie pokazać poziom wpływów i władzy, jaki właśnie osiągnęli. Ale często ich pochodzenie nadal pokazuje się za tą nową fasadą i zdradza naturę ich stanu. Są to osoby, które potocznie nazywa się "nowobogackimi", "parweniuszami": ludzie, którzy uzyskali wyższy status społeczny, ale nie zdążyli przyjąć manier charakterystycznych dla tego statusu.

W XVII wieku byli zamożni ludzie o pospolitym pochodzeniu, a mniejszość z nich miała obsesję na punkcie wizerunku, jaki dawali w społeczeństwie. Ci zarozumiali mieszczanie naśladowali tych, którym zazdrościli i brali arystokratów za wzór. Chęć olśnienia przeradza się czasem w folie de grandeur.

I tak w *Mieszczaninie szlachcicem* M. Jourdain – podobnie jak *George Dandin*, bohater sztuki o tym samym tytule – wierzy, że może stać się członkiem szlachty, przywłaszczając sobie, poprzez pieniądze i wykształcenie, cechy tej klasy społecznej: wygląd, język, kulturę i maniery. I właśnie z tą myślą wzywa do swojego domu zastępy mistrzów wszelkiej maści.

Jednak pan Jourdain z trudem przyswaja sobie kody szlacheckie: jest niezdarny podczas lekcji szermierki (Akt II, scena II), lubi ordynarną muzykę, niegodną szlachcica (Akt I, scena II), demonstruje swój brak kultury, gdy tylko otworzy usta (Akt II, scena IV), itd. Nie jest też w stanie rozpoznać kodów i praktyk szlacheckich, na przykład przyjmując śmieszną lekcję wymowy samogłosek zamiast lekcji fizyki (Akt II, scena II), czego prawdziwy szlachcic, a przynajmniej ktoś obeznany ze szlacheckim światem, nigdy by nie zrobił.

Pan Jourdain kultywuje swoją obsesję na punkcie nadmiaru i popycha ją do granic śmieszności. Czekamy na moment, kiedy w końcu imploduje, jak żaba, która chce być tak duża jak wół w bajce La Fontaine'a (francuski poeta, 1621-1695). A Molier kpi z niego bezlitośnie, bo uważa się za innego i stara się wynieść ponad swoją rangę. Bez wątpienia podziela opinię wyrażoną przez Cleonte w tej długiej tyradzie:

> *CLÉONTE – [...] uważam, że każda szarlataneria jest niegodna uczciwego człowieka, i że jest tchórzostwo w przebraniu tego, co dało nam niebo, w ozdobieniu się w oczach świata skradzionym tytułem, w chęci podania się za to, czym nie jesteśmy. Urodziłem się z rodziców, którzy bez wątpienia piastowali zaszczytne urzędy. Zdobyłem zaszczyt sześcioletniej służby w wojsku i mam dość majątku, aby utrzymać dość przyzwoitą pozycję w świecie; ale z tym wszystkim nie chcę nadawać sobie nazwiska, do którego inni na moim miejscu uważaliby, że mogą mieć pretensje, i powiem szczerze, że nie jestem dżentelmenem. (Akt III, scena XII)*

Mieszczanin szlachcicem jest więc bardziej złożoną konstrukcją literacką niż się wydaje, wykorzystującą kilka poziomów komizmu, by wzbudzić śmiech u widza: oprócz różnych typów komizmu (gest, postać, sytuacja, słowa), Molier przywłaszczył sobie gatunek, który w tamtych czasach był niepopularny – bo zarezerwowany dla ludu – i nadał mu niespotykaną widoczność i sukces. Jak zwykle wplótł w swoją komedię krytykę współczesnego społeczeństwa i w ten sposób zaprosił nas do ponownego odczytania swojej twórczości.

DROGI DO REFLEKSJI

KILKA PYTAŃ DO DALSZEJ REFLEKSJI...

- Jak myślisz, dlaczego Molier przedstawia pana Jourdain dopiero w drugiej scenie sztuki? Jaki jest sens tak późnego wpisu?

- Jaka jest prawdziwa rola poszczególnych mistrzów? W jaki sposób przyczyniają się oni do powstania komedii sztuki?

- Pani Jourdain ma pewną koncepcję małżeństwa; jaka ona jest? Czym różni się od tego, co robi jej mąż, pan Jourdain?

- W jakich okolicznościach można powiedzieć, że postać Nicole jest przedłużeniem postaci pani Jourdain?

- Jak myślisz, jaka forma komedii w sztuce jest najbardziej efektywna? Dlaczego lub dlaczego nie?

- Czy Dorante musiał wiedzieć o maskaradzie Cleonte i Covielle? Jakie są ich interesy w tej sprawie?

- Wybierz kilka wyrażeń, które ujawniają prawdziwy status społeczny pana Jourdaina.

- Scharakteryzuj język lokaja, Covielle, kontrastując go z językiem pana, Cleonte. Jak ich sposoby wyrażania siebie pokazują odmienne poglądy na miłość?

- Czy usunięcie scen tanecznych zaszkodziłoby spektaklowi? Zastanów się nad plusami i minusami.

- Obejrzyj jedną z adaptacji sztuki (w filmie lub teatrze). Porównaj te różne wersje. Jakie podobieństwa i różnice z tekstem zauważasz?

DALSZE CZYTANIE

WYDANIE REFERENCYJNE

MOLIÈRE, *Le Bourgeois gentilhomme, Le Médecin malgré lui,* Paris, Maxi-Livres, 2005.

BADANIA PORÓWNAWCZE

DANTZIG C., *Dictionnaire égoïste de la littérature française*, Paris, Grasset, 2005.

DE BEAUMARCHAIS J.-P. i COUTY D., *Dictionnaire des grandes uvres de la littérature française*, Paris, Larousse, 2001.

POLET J.-C. (red.), *Patrimoine littéraire européen. Avènement de l'équilibre européen (1616-1720)*, tome II, Brussels, De Boeck, 1996.

Chcemy usłyszeć od Ciebie, co się dzieje!
Zostaw komentarz na temat swojej internetowej biblioteki
i podziel się swoimi ulubionymi książkami w mediach społecznościowych!

Dlaczego warto wybrać Must Read?

Dowiedz się wszystkiego, co musisz wiedzieć o książce dzięki naszym zwięzłym i dogłębnym streszczeniom i analizom!

Odkryj to, co najlepsze w literaturze w zupełnie nowym świetle!

www.50minutes.com

Master ISBN: 9782808693516
Papierowy ISBN: 9782808614917
Depozyt prawny: D/2023/12603/1771

Verhaal: © Primento

Projekt cyfrowy: Primento, cyfrowy partner wydawców.